JAMES AYTOUN

HISTOIRE POLITIQUE

DE LA FRANCE

DEPUIS

LA CHUTE DU PREMIER EMPIRE

Jugée par un Anglais

TRADUIT PAR A. BERTIN

PARIS

E. LACHAUD, LIBRAIRE-ÉDITEUR

4, PLACE DU THÉATRE-FRANÇAIS, 4

1871

AVANT PROPOS

Depuis le commencement de la guerre contre la Prusse, pendant tout son cours et pendant aussi les derniers événements, il s'est formulé bien des opinions sur le caractère politique des Français. J'ai pensé qu'il était intéressant pour la France de lire l'opinion d'un Anglais. M. James Aytoun, publiciste bien connu, a, de plus, l'avantage d'avoir résidé longtemps en France et d'avoir pu étudier et bien connaître notre pays. C'est d'ailleurs un écrivain du parti libéral avancé, républicain en principe, mais se contentant parfaitement de la Constitution anglaise, qui n'est à ses yeux — comme à ceux de M. Thiers du reste — qu'une république sous le nom de monarchie.

J'ajouterai encore que M. Aytoun a connu personnellement beaucoup de nos hommes politiques, qu'il a été lié intimement avec plusieurs et que ses souvenirs sont parfois des révélations.

On remarquera facilement que cette brochure a été écrite en avril dernier, pendant le règne de la Commune à Paris, dont elle prédisait la chute.

Le traducteur,

A. BERTIN.

HISTOIRE POLITIQUE

DE LA FRANCE

DEPUIS

LA CHUTE DU PREMIER EMPIRE

Pendant les règnes de Louis XVIII, de Charles X et de Louis-Philippe, pendant la République de 1848 et le second Empire, j'ai longtemps résidé en France. J'ai eu par là une excellente occasion d'étudier le caractère du peuple et les causes des différentes révolutions qui se sont succédées. Il me semble que la majorité des Anglais s'est formée les opinions les plus erronées au sujet du caractère des différentes classes d'hommes politiques en France et du but qu'ils se proposent, et que ces opinions se sont affermies dans leur esprit, probablement sous l'influence des événements qui se passent aujourd'hui (1). Il y a surtout une idée propagée par la plupart des organes de l'opinion publique, c'est que Paris, la capitale de la France, est en antagonisme direct avec les provinces. C'est une grande erreur ; Paris a, sans contredit, toujours donné le ton à l'opinion publique en France, et c'est un droit

---

(1) Nous rappelons ici ce que nous avons dit dans les quelques mots qui précèdent cette traduction. Cette brochure fut écrite au moment où la Commune était encore dans toute sa puissance. — Avril 1871.

uquel il prétend, mais il n'en résulte pas, que, pour cela, il
xiste un sentiment de jalousie chez les provinciaux. Au con-
raire, les provinces sont au plus haut degré fières de Paris,
e ce Paris que les Français considèrent comme la capitale,
on-seulement de la France, mais du monde civilisé. Il y a
ien plus de cordialité entre les provinciaux de France et les
Parisiens, qu'entre les provinciaux d'Angleterre et les Lon-
donniens. Il est facile d'expliquer cela. En France, tout homme, qui se distingue dans la littérature, les sciences ou à tout
autre titre, quel que soit le lieu de sa naissance, ira certainement à Paris et s'y fixera. Il en est de même de tous ceux
qui ont acquis une grande fortune. Si bien que les provinciaux
français considèrent Paris, non pas comme les provinciaux
d'Angleterre considèrent Londres, c'est-à-dire comme une
ville renfermant un certain nombre de badauds (cockneys),
mais comme une ville comptant parmi ses habitants tous les
hommes de distinction, de génie, et aussi les gens riches de
tous les départements de la France.

Il est vrai, sans doute, que les agriculteurs de France, tout
comme les agriculteurs anglais, sont en général plus conservateurs que les classes commerçantes, les fabricants et les
ouvriers des villes ; mais cette différence d'opinion n'a jamais
produit entre eux aucun mauvais sentiment. Pendant le gouvernement personnel de Louis-Napoléon, les paysans votaient
ou du moins semblaient voter, dans presque tous les cas,
pour les candidats à l'Assemblée législative, qui n'étaient
que les mandataires de l'Empereur, mais ce n'était pas tout-
à-fait par attachement pour Louis-Napoléon. Il faut songer
d'abord à la manière frauduleuse dont on procédait alors aux
élections, et ensuite que les paysans placés plus étroitement
sous la dépendance des autorités, que les ouvriers des villes,
étaient bien plus facilement dupés et contraints à voter comme
le voulaient les puissants de leurs communes ou paroisses,

tous nommés par le gouvernement. La première et la seule occasion où il ait jamais été tenté de tracer une ligne de démarcation entre Paris et la province, c'est dans les déclarations de la Commune de Paris, où furent dénoncés les paysans et les membres de l'Assemblée nationale élus par eux. Cela peut s'expliquer facilement. Les ambitieux démagogues qui cherchent à établir un pouvoir indépendant de l'Assemblée nationale, jugent nécessaire, pour arriver à leur but, de prétendre que Paris, dominé par eux, est tout, et que les départements qui ont élu l'Assemblée nationale ne sont rien.

C'est là, je le répète, le seul fondement sur lequel tant de publicistes anglais établissent leur théorie d'un antagonisme entre Paris et les provinces de France. Que la grande majorité des habitants de Paris ne soient pas d'accord avec la Commune sur ce point, les derniers votes pour les membres du Conseil municipal l'ont complétement prouvé : alors les quatre cinquièmes des électeurs au moins, ou bien se sont complétement abstenus, ou bien ont voté contre les candidats de la Commune.

Il est encore une autre erreur que commettent continuellement les Anglais qui ne connaissent pas la France. Ils disent : L'esprit du socialisme est plus répandu parmi les Français que parmi les Anglais ; cela n'est-il pas évident d'après ce qui s'est passé en 1848 et d'après ce qui passe actuellement en 1871 ? Mais ignorent-ils que dans tous les pays et dans tous les siècles l'idée du socialisme, c'est-à-dire le partage de la propriété des riches entre les pauvres a toujours existé et même en Angleterre plus que partout ailleurs, surtout parmi les membres des unions ouvrières. L'idée s'est, il est vrai, formulée plus ouvertement en France qu'en Angleterre, mais cette manifestation est due tout entière aux circonstances, à celle-ci, par exemple : qu'en 1871 comme en 1848 les basses classes se sont trouvées complétement armées. Supposons que pareille chose ait eu lieu à Londres, et que tous les condamnés libérés conditionnellement ou ayant fini leur peine, la populace enfin de la capitale ait été armée, est-il probable qu'elle eût montré plus de modération que la plèbe de Paris? Selon moi, elle aurait pillé davantage et se serait bien plus mal conduite. Il a été prouvé par les élections municipales, comme je l'ai dit déjà, que les quatre cinquièmes au moins de la population de Paris sont opposés à la Commune et à ses doctrines sociales.

Je signalerai une autre accusation continuellement formulée contre les Français. On dit que les Français ne sont pas faits pour la liberté du *self-government* (le gouvernement de tous par tous), qu'ils ne veulent se soumettre à aucune règle et sont toujours sur le point de se mettre en révolution. Il est constant que l'Angleterre, pendant les cinquante dernières années, a été complétement exempte de tout désordre intérieur; tandis que la France a subi pendant la même période quatre révolutions. Cherchons, toutefois, la cause de ces révolutions, et nous verrons que toutes sont du fait des souverains et non pas du peuple de la France. Si l'Angleterre n'a pas éprouvé de révolution depuis cent ans, il faut l'attribuer à ce qu'elle a vécu sous une race de rois sachant régner et n'essayant pas de convertir une monarchie constitutionnelle en monarchie personnelle. Ainsi Guillaume IV a accepté le bill de réforme de 1832, qui a grandement diminué le pouvoir de la couronne, et la reine Victoria n'a pas reculé devant le bill de 1867, le bill des locataires *(Household suffrage bill)* donnant plus d'extension au droit de vote, augmentant considérablement le nombre des électeurs et surtout de la classe d'électeurs la plus opposée à la prérogative royale. Voilà donc deux exemples frappants de souverains régnant constitutionnellement et cédant à l'opinion publique, sans tenter de s'opposer à des mesures réclamées par la grande masse de la nation.

Examinons maintenant la conduite tenue par les souverains français. Après la chute de l'ancien Empire, quand le premier des Bonapartes fut confiné à Sainte-Hélène, Louis XVIII régna pendant dix ans en France. Louis XVIII était un homme d'un grand sens et d'une intelligence pleine de finesse ; il gouverna la France d'une manière aussi constitutionnelle que s'il eût été l'un de nos souverains de la dynastie de Hanovre et qu'il se fût assis sur le trône de l'Angleterre. Sous son règne, le peuple français entra dans une voie de progrès constant, s'habituant de plus en plus aux institutions constitutionnelles, en sorte que son frère et successeur Charles X reçut un peuple calme et paisible et un trône qu'aucun danger de révolution ne menaçait, à la seule condition que le roi ne s'écartât pas des règles de la prudence la plus commune. Charles X, en persévérant dans les voies du gouvernement de Louis XVIII, aurait laissé sa succession à son petit-fils, et aurait complétement affermi la dynastie des Bourbons.

A l'avénement de Charles X, j'étais en France ; je le vis proclamer dès la mort de son frère ; il parcourut les boulevards, sans escorte militaire, accompagné de son fils, le duc d'Angoulême et de Louis-Philippe, alors duc d'Orléans. Il fut parfaitement accueilli dans tous les quartiers de la capitale. Mais le nouveau roi montra bientôt de tout autres dispositions que son prédécesseur : il s'agissait déjà de recouvrer les priviléges des anciens rois de France. Les Chambres se refusaient à se prêter à ses intentions ; elles ne voulaient pas laisser s'ériger, à l'aide du clergé et particulièrement des jésuites, une sorte de gouvernement théocratique ; deux fois les Chambres furent dissoutes, et chaque fois les électeurs l'envoyèrent une majorité plus prononcée contre la cour. Ce fut alors que le roi promulgua ces fameuses ordonnances qui supprimaient le gouvernement parlementaire et y substituaient un despotisme absolu. Le peuple de Paris se souleva, détrôna Charles X et mit Louis-Philippe sur le trône. Les Parisiens n'étaient-ils pas tout à fait dans leur droit? A ceux qui le nient, je demanderai si nous, en Angleterre, nous n'aurions pas fait de même en pareille circonstance?

C'est donc chose jugée que cette première révolution qui suivit la chute de l'Empire : ce fut la faute du roi, et nous ne pouvons en faire aucun reproche au peuple français.

Le règne de Louis-Philippe aurait pu être très-heureux. Il avait été nommé en quelque sorte par acclamation publique à l'Hôtel de Ville, à la suite d'une révolution heureuse ; sa personne était au début très-populaire. C'était cependant la même erreur qui se reproduisait sous une autre forme : toujours le gouvernement personnel ; il est vrai que le procédé différait de celui de Charles X. Charles X, en présence des Chambres opposées à sa volonté, tenta de supprimer le gouvernement parlementaire par *un coup d'État*. Il ne réussit pas et perdit sa couronne ; c'était là un avertissement pour Louis-Philique, qui, prenant une autre voie, résolut d'atteindre son but en se servant des Chambres elles-mêmes : il s'en fit un instrument docile, grâces à un corps électoral très-restreint.

La population de la France, à cette époque, était d'environ 40 millions d'âmes, et le droit de voter étant attaché à un cens électoral très-élevé, le nombre des électeurs ne dépassait pas 150,000. Ainsi, toute la classe ouvrière était donc privée de toute part directe dans la représentation, monopolisée en quelque sorte entre les mains de la bourgeoisie des villes et des campagnes. La principale pensée de Louis-Philippe, pendant le cours de son règne, semble avoir été d'enrichir sa famille. Malgré son énorme fortune particulière, il s'appliqua à obtenir de larges dotations pour ses fils. Il fallait pour cela que les Chambres se pliassent à ses désirs ; il eut donc recours à tous les moyens en son pouvoir pour gagner le corps électoral et les députés issus de ses suffrages. Ces manœuvres furent poussées si loin, que Louis-Philippe n'était plus, dans le langage vulgaire, le Roi de la nation, mais le Roi de la bourgeoisie. La cour avait à cœur de s'insinuer dans les bonnes grâces de la bourgeoisie et des classes moyennes, et voici un exemple de ce qu'elle fit pour y réussir : Une loi fut présentée qui décrétait les peines les plus sévères contre les associations ouvrières ; tout en laissant les capitalistes et les patrons se coaliser pour maintenir le salaire des ouvriers aussi bas que possible, il n'était pas permis aux ouvriers d'user du même droit. Cette conduite de Louis-Philippe a fait le plus grand mal à la France ; elle a donné naissance, surtout à Paris, à l'antagonisme qui n'avait jamais existé auparavant, et qui s'est développé depuis en produisant le socialisme et la république rouge. C'est au gouvernement de Louis-Philippe, je le répète, qu'il faut attribuer l'insurrection de 1848 et le soulèvement de la plèbe de Belleville et de Montmartre contre l'Assemblée nationale en 1871.

Mais revenons au règne de Louis-Philippe. Tout ce qui n'était pas électeur se raidit en voyant le roi, les Chambres et le corps électoral coalisés contre ses droits politiques. Alors commença l'agitation pour la réforme électorale. Au mouvement s'associèrent Odilon Barrot et tous les politiques libéraux en France. Louis-Philippe, devenu plus impopulaire que jamais par la négociation des mariages espagnols, mais se sentant fort de l'appui des bourgeois électeurs et de la

Chambre des députés de la bourgeoisie, déclara sa ferme intention de ne pas céder et de s'opposer à l'abaissement même le plus minime du cens électoral. Lui et son premier ministre Guizot supprimèrent illégalement les banquets réformistes. Une révolution éclata. Les Parisiens se soulevèrent, on fit des barricades, et Louis-Philippe, détrôné, fut obligé de fuir la France sous le nom de Mister Smith. Quand la nouvelle en arriva à Londres, la Chambre des communes était en séance. Joseph Hume fut l'un des premiers à l'apprendre, et, s'approchant de sir Robert Peel, il la lui communiqua aussitôt. Sir Robert Peel, après quelques instants de réflexion, lui dit : « C'est là ce qui doit arriver « inévitablement quand un gouvernement met au défi l'opi- « nion publique. » Sir Robert Peel avait tout à fait raison. Si Louis-Philippe eût agi comme le roi Guillaume en 1832, ou la reine Victoria en 1867, sa dynastie occuperait encore le trône de la France. Ici encore faudrait-il blâmer les Parisiens de s'être soulevés dans cette circonstance? La révolte n'était-elle pas absolument nécessaire pour permettre aux classes laborieuses de jouir de leurs droits politiques. Dans toutes les monarchies, mêmes les plus constitutionnelles, le caractère du souverain régnant influe beaucoup, et je dois répéter encore : s'il y eu des révolutions en France et qu'il n'y en ait pas eu en Angleterre, dans ces cinquante dernières années, cela ne provient pas, comme on le dit toujours, de ce que les Français sont plus légers et moins propres que les Anglais au gouvernement représentatif; c'est tout simplement que l'Angleterre, depuis le détrônement des Stuarts, a été sous le gouvernement d'une dynastie, la dynastie de Hanovre, qui a su gouverner constitutionnellement, et par-dessus tout céder quand cela était nécessaire pour sauvegarder sa couronne.

En 1832, quand la Chambre des lords tenta de repousser

le grand bill de réforme, le roi Guillaume, quoique dans l'origine partisan de la réforme, avait, dit-on, changé d'opinion et favorisait les lords dans leur opposition, ce qui amena la démission du comte Grey et la nomination du duc de Wellington comme premier ministre. Ceux qui sont assez vieux pour avoir été témoins des événements de cette époque se rappelleront l'émotion qu'excita la conduite de la Chambre des lords et de la cour. On supposait que le roi Guillaume agissait sous l'influence de sa femme, la reine Adélaïde, qui était Allemande. Toutes les classes ouvrières étaient sur le point de se révolter pour forcer le roi Guillaume à céder.

Je puis à cet égard apporter mon propre témoignage, car j'étais alors président de l'Union politique d'Edimbourg, et je puis affirmer que toute la classe ouvrière d'Edimbourg n'attendait qu'un signal de nous, le conseil de l'Union, toute prête à se mettre en insurrection pour la défense du bill de réforme. Il en était de même à Birmingham, à Glascow et dans les autres villes d'Angleterre et d'Ecosse. Si le roi Guillaume et son ministre, le duc de Wellington, avaient agi alors avec le même opiniâtreté stupide que Louis-Philippe et M. Guizot, il aurait certainement été détrôné. Heureusement pour lui et pour l'Angleterre, il céda à temps ; le ministère fut de nouveau changé, le duc de Wellington céda la place au comte Grey, et la couronne fut sauvegardée. Je me rappelle fort bien ce qu'on disait à cette époque. Le duc de Wellington ne se méprit point sur l'importance de l'émotion causée dans le pays par le vote de la Chambre, et ce fut lui qui prit l'initiative, en disant au roi Guillaume : « Votre Majesté n'a plus qu'une chose à faire, me renvoyer, « reprendre le comte Grey ou renoncer à la couronne. »

La révolution de février 1848 fut une surprise pour la

nation française. Personne ne s'attendait à ce que Louis-Philippe agît avec autant d'obstination et si peu de tête. Lors donc qu'il prit la fuite et laissa la France sans gouvernement, personne n'y était préparé. Paris fut jeté, pour un moment, aux mains du prolétariat, qui cependant, dans cette occasion, se conduisit avec beaucoup de prudence et de jugement.

Les *Prolétaires*, c'est-à-dire la classe laborieuse, tira de son sein une excellente police pour protéger les propriétés publiques et particulières, et tout individu surpris à voler, fut à l'instant même fusillé par ces gendarmes improvisés. La République fut proclamée et une Assemblée élue pour voter une constitution. Cette constitution fut formulée et les premières bases qu'elles posa furent le suffrage universel, le vote au scrutin secret, les circonscriptions électorales égales et les parlements renouvelés tous les quatre ans. Toutefois, l'Assemblée constituante commit une grande faute. Prenant pour modèle le gouvernement des États-Unis, elle décréta qu'il y aurait un président nommé pour quatre ans et investi d'un pouvoir bien plus grand que celui d'un roi constitutionnel, c'est-à-dire du commandement absolu de l'armée, du droit de nommer tous les officiers et d'employer tel général qui conviendrait à ses vues ou à son ambition. Le président devait aussi, d'après cette constitution, être élu non par les Chambres, mais par un vote séparé et distinct des colléges électoraux, ce qui le plaçait, lui et l'Assemblée nationale, dans un antagonisme direct. Le danger de cet immense pouvoir, remis aux mains du président, fut signalé par M. Grévy, alors membre de la Constituante, et aujourd'hui président de l'Assemblée nationale siégeant à Versailles. Il représenta qu'un ambitieux président de la République, possédant un tel pouvoir, pourrait renverser l'Assemblée en bloc et établir un despotisme militaire ; en conséquence, il proposa cet amendement célèbre, connu sous le nom d'*amendement Grévy*, amendement qui demandait à l'Assemblée la nomination directe du Président ou Chef du pouvoir exécutif, et soumettait la durée de ses fonctions au bon plaisir de cette Assemblée. Aujourd'hui, cet amendement a été adopté par l'Assemblée nationale actuelle, et M. Thiers, le chef du pouvoir exécutif, est précisément dans la position du premier ministre d'une monarchie constitutionnelle, avec cette différence qu'il est nommé directement par les représentants de la nation, au lieu de l'être indirectement au moyen de l'intervention du souverain, agissant sur la recommandation de ces représentants.

Si, en 1848, l'amendement de M. Grévy eût été adopté, la République d'alors existerait encore ; car la France tout entière l'avait loyalement et honnêtement acceptée, la conduite des deux derniers rois, Charles X et Louis-Philippe, ayant dégoûté de la monarchie la grande majorité du pays. M. Grévy est depuis longtemps, pour moi, un ami intime ; nous avons souvent discuté ensemble cette question : Quel eût été le caractère de la République française, si sa proposition eût été adoptée ?

Dans une de nos conversations, « Notre Constitution, me
« dit-il, aurait été absolument la même que celle de l'Angle-
« terre, qu'on a toujours dit être en réalité une République
« sous le nom de Monarchie. Elle eût été meilleure que la
« vôtre, car nous nous serions épargné les dépenses de la
« couronne et toutes ces intrigues de cour qui, même en
« Angleterre, empêchent la Chambre des communes de faire
« nommer aux fonctions de l'État les hommes qui en sont les
« plus dignes. Par-dessus tout, elle nous aurait soustrait au
« danger d'un roi cherchant à faire d'une Monarchie consti-
« tutionnelle une Monarchie personnelle. Vous n'avez pas

« couru ce danger en Angleterre, il est vrai, depuis la chute
« des Stuarts ; mais enfin cela peut vous arriver à vous,
« comme cela nous est arrivé avec Charles X et Louis-
« Philippe. »

Avant la dissolution de la Constituante et l'élection de l'é-
lection de l'Assemblée législative et du président de la
République, éclata une violente insurrection de socialistes
ou républicains rouges contre le gouvernement existant alors
et l'Assemblée. Toute la population de Paris avait gardé ses
armes après la révolution de Février, et les habitants eurent
ainsi les moyens de se battre entre eux. Les insurgés furent
complétement vaincus par la partie conservatrice de la garde
nationale, aidée de la garnison de Paris, sous le commandement du général Cavaignac, le chef des républicains modérés.
En cette occasion, comme dans toutes les autres, il fut ma-
tériellement prouvé que les socialistes ou républicains rouges
ne forment qu'une petite minorité en face des modérés ou
ceux qu'on peut appeler les républicains conservateurs, dont
le but est d'arriver à un gouvernement constitutionnel, comme
celui de l'Angleterre, mais sans ces rois qui, en France, ont
toujours cherché à faire d'un gouvernement constitutionnel
un gouvernement personnel, et ont ainsi livré le pays à la
révolution.

Il est presque certain, j'en ai la conviction, que le gouvernement de la France est désormais arrêté à la forme de
République conservatrice. La Commune de Paris sera bientôt anéantie, et cela fait, tout le parti de l'ordre se déclarera,
comme M. Thiers, pour la *République Grévy*, s'il nous est permis de lui donner ce nom ; c'est, en effet, la forme qui
diviserait le moins.

Après la victoire de Cavaignac, Louis Bonaparte fut élu

président ; il dut ce succès au prestige de son nom et à l'influence du clergé, avec lequel il prit l'engagement secret d'écraser la République romaine et de rétablir la puissance du Pape, si une fois il arrivait au pouvoir. Mais il ne faut pas supposer que ceux qui votèrent alors pour Bonaparte saluaient en lui le futur empereur ; ils votèrent pour lui simplement pour en faire un président de la République, que Napoléon s'engagea à conserver : il en prêta le serment solennel devant l'Assemblée nationale. Louis-Napoléon ne tarda pas, cependant, à prouver qu'il était décidé, malgré son serment, à étouffer, s'il le pouvait, la République, et à s'élever à la même position que le premier Napoléon avant ses désastres. Possédant tout pouvoir sur l'armée, il se défit du général Changarnier, commandant de la garnison de Paris, et le remplaça par Saint-Arnaud, officier dévoué à sa personne et prêt à tout entreprendre, *per fas et nefas*, pour l'élever à l'empire et ainsi assurer sa propre fortune. Saint-Arnaud, prodigue à l'excès, avait besoin du succès de son patron. Dans le même but, Louis-Napoléon choisit et investit de grands commandements Canrobert et les autres généraux, qui secondèrent *le coup d'État,* et furent récompensés depuis par de grandes fortunes dont les deniers publics ont fait les frais.

Par le *coup d'État* du 2 décembre 1851, la République fut renversée, l'Assemblée nationale dispersée par les soldats, et Thiers jeté en prison ainsi que les autres libéraux de marque. Ainsi fut établi un despotisme militaire qui a duré vingt ans, jusqu'au moment où Louis-Napoléon, pour rétablir son prestige évanoui, déclara la guerre à la Prusse sous le plus absurde prétexte. S'imaginant qu'il était, par faveur divine, né général, il prit la direction exclusive de l'armée. Alors, par sa profonde incapacité, non-seulement il permit que l'armée française fût surprise et défaite au premier moment, mais ensuite il livra prisonnières toutes les forces régulières de la France, se montant à quatre cent mille hommes. La France, en buvant cette honte, se leva tout entière pour demander l'abdication immédiate de celui qui la lui imposait. La dernière Assemblée élue sous son règne fut unanime ; il n'y eut que quatre députés Corses qui protestèrent. Elle proclama cette déchéance, et l'on peut dire que le nom de Bonaparte est devenu aujourd'hui un objet de dégoût pour tous les Français.

Mais, demandera-t-on peut-être, quel est l'avenir de la France ? Ma conviction, c'est qu'elle touche en ce moment au terme de ses épreuves. Une double malédiction pesait sur ce pays : les Bonapartes et les Bourbons. Après avoir subi les excès de la première révolution, après avoir obéi à la furieuse initiative des Danton, Marat, Robespierre et autres ultra-révolutionnaires, la République s'était adoucie sous le Directoire ; elle était devenue un gouvernement calme et régulier. Ce gouvernement faisait bien encore la guerre aux despotes de l'Europe qui s'étaient coalisés contre la France ; mais ne répudiait-il pas les principes de la légitimité et du droit divin des rois ? D'ailleurs, presque partout, la victoire couronnait les armes de la République ; et à la tête des généraux qui se distinguaient sur les champs de bataille, était le premier des Bonapartes. Tirant parti du dévouement des soldats qu'il avait si souvent conduits à la victoire, Napoléon, le 18 brumaire, renversa le Directoire et lui substitua un despotisme militaire qui ne tomba qu'avec sa dernière armée. Les désastres s'étaient effacés au souvenir de ces grandes victoires si flatteuses pour la vanité française, et le nom de Napoléon, resté après sa mort en grande vénération, fit, comme je l'ai dit, tout le succès de son neveu. Voilà ce qui le créa président de la République en 1848. La fin de la carrière de ce second Napoléon a été si honteuse, si calamiteuse pour la France, si dépourvue de tout acte pouvant jeter un dernier éclat sur le despotisme mourant, que non-seulement lui, mais toute la race des Bonapartes, est devenue pour la nation française un objet d'aversion. Tout danger pour la France a donc disparu de ce côté, et on ne pourra plus voir un Bonaparte réclamant le trône de France et intriguant pour l'obtenir, avec quelque chance de succès.

Et le second danger pour la France, que j'ai signalé ? Les Bourbons, comme nos Stuarts, ont, depuis 1789, jeté deux fois la France dans la révolution, en essayant de substituer le gouvernement personnel à la puissance régulatrice du gouvernement représentatif. Par là, ils se sont rendus très-impopulaires, que dis-je ? ils ont rendu presque impossible la restauration soit de la branche aînée, soit de la branche cadette.

Le futur gouvernement de la France sera, je le crois, la République, une République conservatrice telle que l'a proposée M. Grévy et que l'adopte M. Thiers, autour duquel se rallie aujourd'hui tout le parti de l'ordre. C'est une erreur de supposer que les paysans de France sont opposés à la République. Sans aucun doute, hostiles à la République rouge, ils lui préféreraient même un Empire despotique. Mais, pour peu qu'ils puissent compter sur une République modérée et conservatrice, ils deviendront ses plus fermes adhérents. Comme les Français de toutes les classes, les paysans sont, depuis la grande Révolution, très-attachés au principe de l'égalité sociale; et pourvu que leur propriété ne soit pas en danger, ils accepteront volontiers une République modérée qui, à leurs yeux, ne ferait qu'ajouter l'égalité politique à l'égalité sociale.

Paris, imp. PAUL DUPONT, 41, rue Jean-Jacques-Rousseau (1463.6.1)